ERIVELTOBUSTOGARCIA

MĪNIMALĀMINA

poemasgráficos

ILUMINURAS

projeto gráfico do autor / supervisão eron silva / colaboração cristina tobias e sérgio afonso
© Copyright de Erivelto Busto Garcia
© Copyright desta edição: Editora Iluminuras

Dados Internacionais de Catalogação (CIP)
(Câmara Brasileira do Livro, São Paulo, Brasil)

Garcia, Erivelto Busto
MÍNIMALÂMINA
Editora Iluminuras, São Paulo, 2004
1. Poesia Brasileira 2. Concretismo 3. Poesia Visual 4. Arte Gráfica

Índices para Catálogo Sistemático
Poesia: Século XXI: Literatura Brasileira
Século XXI: Poesia: Literatura Brasileira
Artes Visuais: Concretismo: Arte Brasileira
Arte Brasileira: Artes Visuais: Concretismo

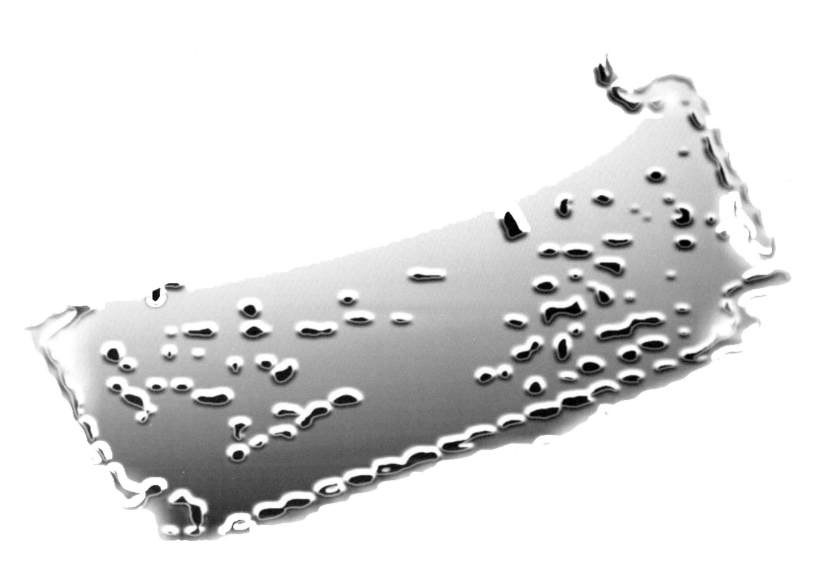

Entre os
papéis
de um parente de um aluno do professor
Mallarmé,
em Paris, foi descoberto um livro de poemas.
Escrito em português, e devidamente traduzido em francês
para o "Cher Maître", o livro é de autoria de um poeta brasileiro.
A assinatura não é totalmente legível, mas parece ser a de Erivelto Busto Garcia.
Os ideogramas, a utilização nova do espaço gráfico,
tudo denota ser um "late bloomer"
ou tardio florescimento de um artista desconhecido
em sua recriação do concretismo brasileiro.
A primeira página que me impressionou profundamente
foi a que cita as diversas maneiras de se falar da Galiza ou Galícia,
arrebatada pela Espanha ao já de si pequenino Portugal.
Aos poucos, como num filme em câmera lenta,
as palavras vão desaparecendo, desfazem-se e são sorvidas
por um bloco negro: a passagem do Tempo?
O enterro simbólico de um território?
A eterna mudança de tudo prevista por Heráclito?
De qualquer maneira, um poema gráfico
pleno de filosofia, de símbolo, de naufrágio, ou
que se destaca pela sua veia trágica e comoventemente humana.
Depois, os diversos poemas de Erivelto Busto Garcia,
descendente de espanhóis,
brincam, ludicamente, com as palavras:
são momentos de sátira, de amargo desencanto, de
angústia existencial, até mesmo de
uma galhofa séria
contra si próprio.

Há um poema que mostra a destruição gradual do Terceiro Reich,
outro é de um pessimismo impiedoso
que leva tudo a um redemoinho do "fim do ralo",
da chegada inglória ao aniquilamento, ao Nada.
Em contraste, é refinadamente sutil o veredicto sobre uma "elite"
que termina com o irônico "delete",
seguindo a febre
da computação norte-americana, bárbara como um trator,
desterrando de nossa memória o belo verbo delir,
como se a pressão norte-americana
– agora sob o regime cruel, ignorante e aloprado de Bush Jr –
esmagasse tudo que não for "made in USA".
"b & d borges e a ironia de deus",
ofusca cada vez mais a visão do maior escritor argentino,
colocando dois pares de óculos para ver, ler, escrever,
e outro para proteger a vista do sol.
"liberdade começa (e termina) com l" coloca a letra maiúscula L
entre barras formadas por letras, aprisionando-se e negando
a acepção da própria palavra "liberdade"
Há muitos outros momentos que, para um primeiro livro,
revelam claramente o talento desse poeta solitário,
risonho, niilista, quase sob o dístico heráldico de Fernando Pessoa:
"o poeta finge a dor que realmente sente."
É um raro presente de originalidade desse iniciante,
a tecer os fios de sua malha medieval
tendo a roca como única e estóica companheira.

Leo Gilson Ribeiro

graphoemas ondas13   américa14   lúmen15   laços19   ovoo20   oovo21   garoa22   ira23
beijame26   earth27   rio28   rio no no31   granada32   nuvem34
socosococorrocorro35   pelvis36   devoção37   september,1138   auauau39   chão40
labirintite41   ave nida ave nada42   aveeva45   kerouac46   on the road47
neve49   nevenuvem50   never51   minimalâmina52   haveaheaven53   natal54   alelula!55   parfum56   help57
i am ianomami58   il bras59   terceirreich60   vialactea63
umacasanocampo66   arteculinaria67   grafite68   raroaro69   elitedeleitedelete71   mallarmé72
pedra!73   volpi no mam74

indícios

alfabestiário aura76 b&d ou borges e a ironia de deus79 aletracê80 voavoai82 aletraéfe84 ponto g86 aletraagá88 aletraí90 j como lluvia92 kinesis94 liberdade começa (e termina) com l 96 mmmm98 n cantiga d`amigo102 aletraó105 a língua do p106 aletraquê107 religare108 aletrasexy111 aletratê112 úúúúúúúúúúúúúúúú114 ucu116 aletravê117 woman118 ohímen120 o xis122 yes nós somos bananas124 a marca do zê125 zzzzz126 graphoemas

GaliciaGaliziaGalizaGaliceGalize
GaliciaGaliziaGalizaGaliceGalize

AME AME AME AME

AME AME AME

AME RICA RICA RICA RICA
AME RICA RICA RICA RICA

AMERICAMERICAMERICAMERICA

AME A RICA AMERICA

que já vai tarde

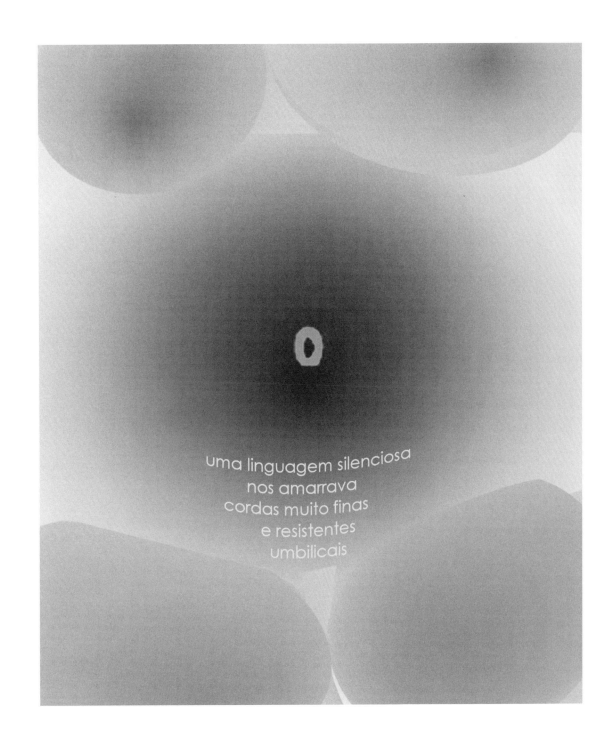

uma linguagem silenciosa
nos amarrava
cordas muito finas
e resistentes
umbilicais

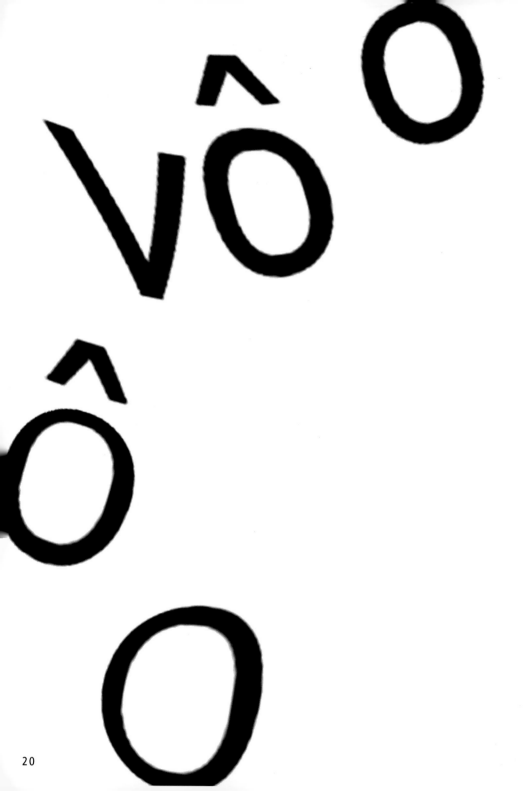

QUEM
NASCEU
PRIMEIRO
QUEM TRAIU
PRIMEIRO
O OVO OU A
GALINHA DA
VIZINHA?

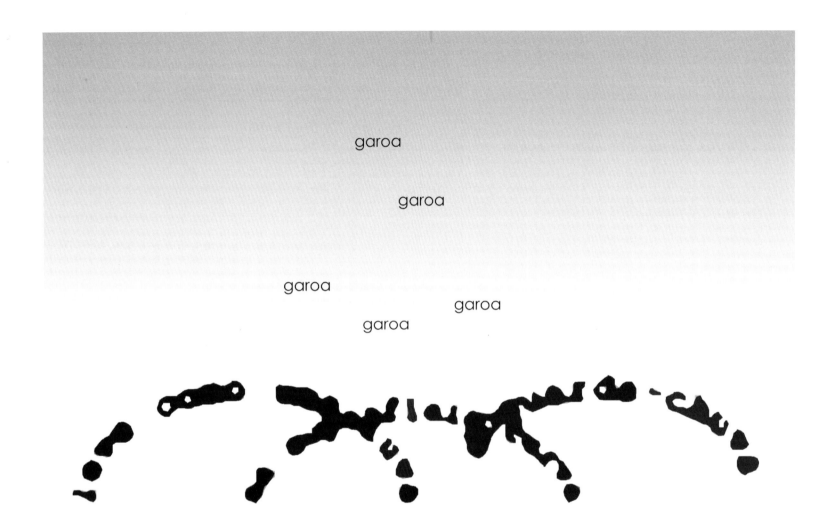

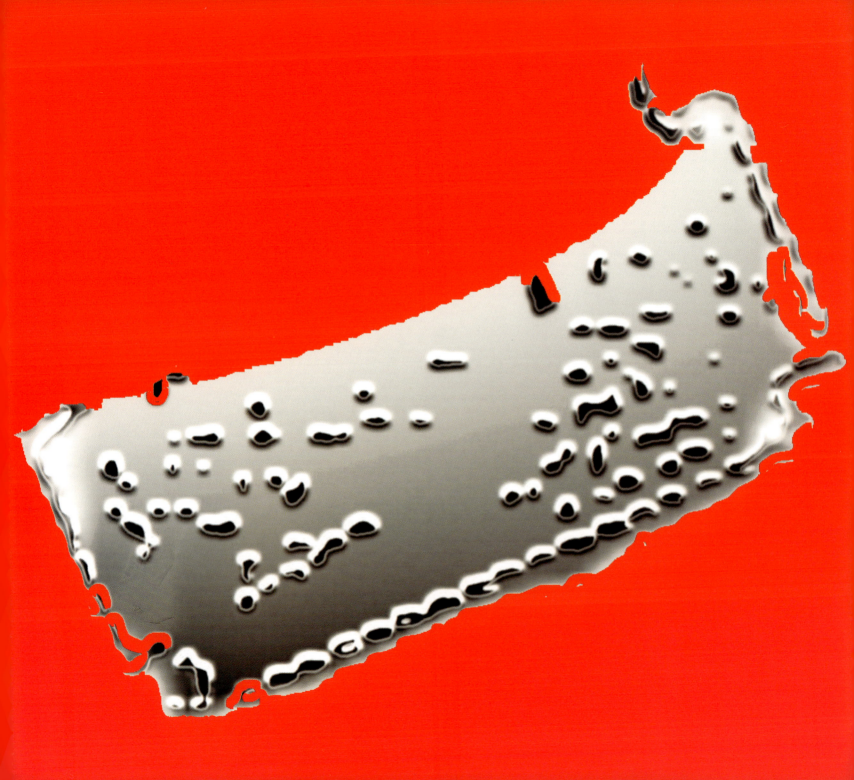

ira ira ira
que que que
ira ira ira

ira que ira
que ou não
ira que ira

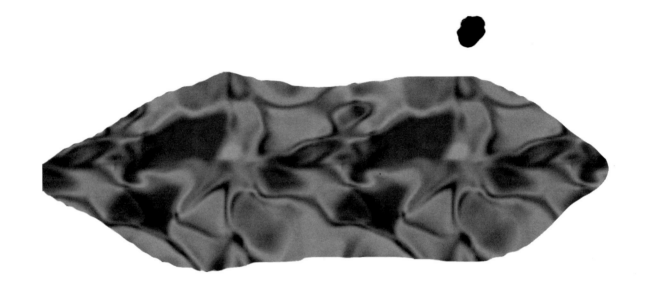

beija-me

terra
earrt
earth

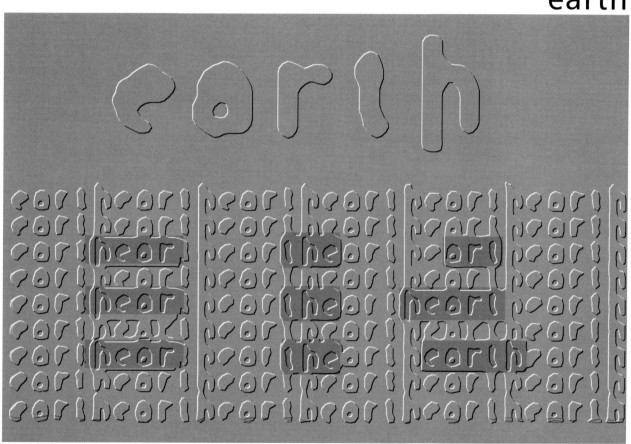

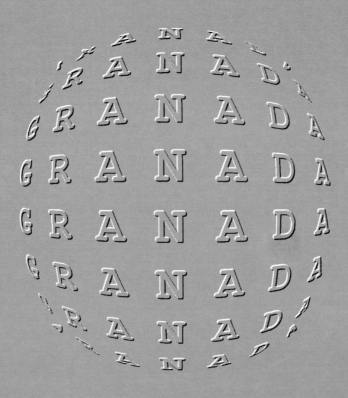

ANA

ANA

GRANA ADA

ADA

GRANA

GRANA

NADA

NADA

NADA

hotogafanhotogafanhotogafanhotogafanh gafanho
otogafanhotogafanhotogafanhotogafanhotogaf
anhotogafanhotogafanhotogafanhotogafanhoto
gafanhotogafanhotogafanhotogafanhotogafanh
otogafanhotogafanhotogafanhotogafanhotogaf
anhotogafanhotogafanhotogafanhotogafanhoto
gafanhotogafanhotogafanhotogafanhotogafanh
otogafanhotogafanhotogafanhotogafanhotoga
otogafanhotogafanhotogafanhotogafanhot

DON'T CRIE FOR US

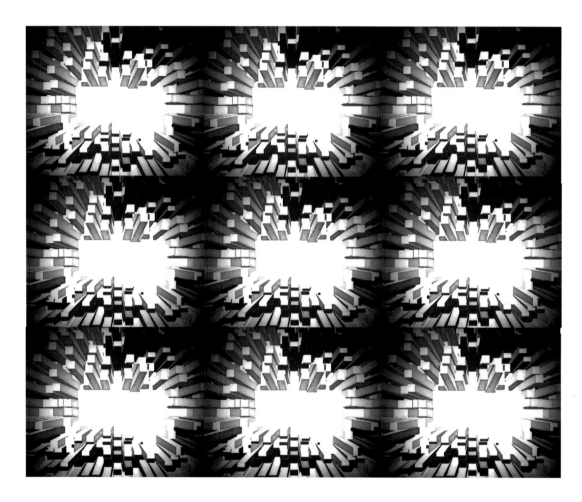

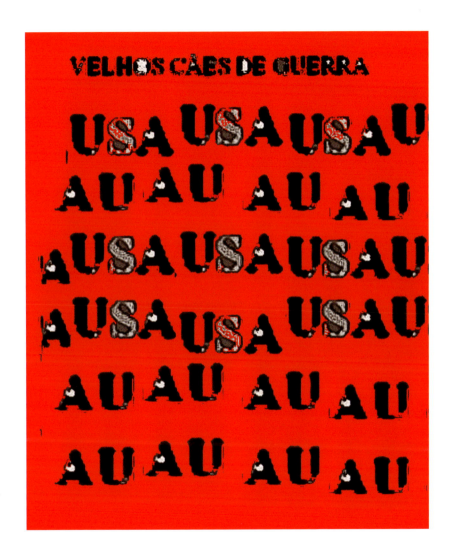

na avenida brasil
meu coração acelera
e vai a mil

(
preso na pressa
que dilacera
a tarde em chamas
do mês de abril
)

eva viu a ave
a ave viu a uva
da viúva
molhadinha
pela chuva

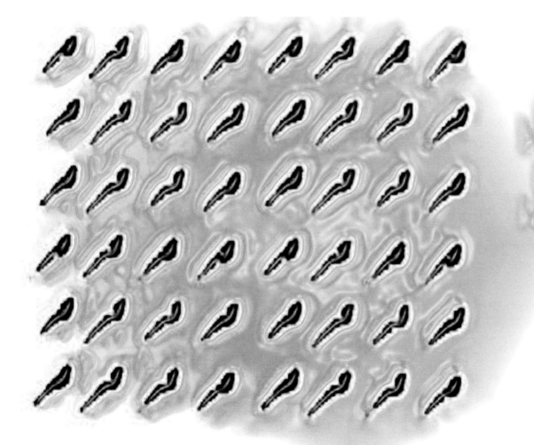

AVE
AVE

correi, meninos
correi

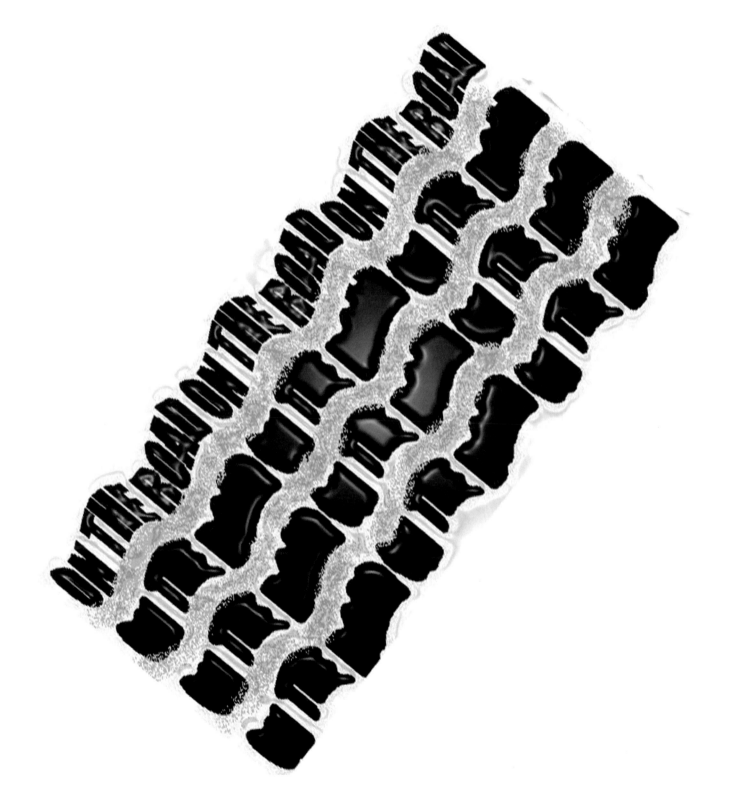

neve neve neve neve neve neve neve neve
neve neve n ve neve neve neve neve neve
eve neve neve neve ne e neve neve
ne e n ve ne e neve ne
neve e n e
e v e
e n e
n v v
e e v
v n e
n e e v
n e n
v
e

NÉVOANUVEMNÉVOANUVEMNÉVOA
NÉVOANUVEMNÉVOANUVEMNÉVOA
NÉVOANUVEMNÉVOANUVEMNÉVOA
NÉVOANUVEMNÉVOANUVEMNÉVOA
NÉVOANUVEMNÉVOANUVEMNÉVOA
NÉVOANUVEMNÉVOANUVEMNÉVOA
VOA   VOA   VOA

neve neve neve neve neve neve neve neve
neve neve neve neve neve neve neve neve
neve neve neve neve neve neve neve neve
neve neve neve neve neve neve neve neve
neve neve neve neve neve neve neve neve
neve neve neve neve neve neve neve neve
neve neve neve neve neve neve neve neve
neve neve neve   never

IHAVEADREAM
IRÊVEADREAM
IHAVEAR ÊVE
IRÊVEAHEAVEN
IHAVEAHEAVEN
HAVEAHEAVEN

BELÉM BELÉM BELÉM BELÉM BELÉM
BELÉM BELÉM BELÉM BELÉM BELÉM
BELÉM BELÉM BELÉM BELÉM BELÉM
BELÉM BELÉM BELÉM BELÉM BELÉM

lulalulalulalulalula
lulalulalulalulalula
lulalulalulalulalula
lulalul**aleluia!**alula
lulalulalulalulalula
lulalulalulalulalula
lulalulalulalulalula

help help
help help
help help
help help
help help
help help
help help
help help
help help

amazoniamazoniamazonia
amazoniamazoniamazonia
amazoni mazonia
amazoniamazoniamazonia
amazoni mazoniamazonia
amazoni mimazonia
amazoniamazoniamazonia

BRASILBRASILBRASILBRASILBRASIL
BRASILBRASILBRASILBRASILBRASIL
BRASILBRASILBRASILBRASILBRASIL
BRASILBRASILBRASILBRASILBRASIL
BRASILBRASILBRASILBRASILBRASIL
BRASILBRASILBRASILBRASILBRASIL
BRASILBRASILBRASILBRASILBRASIL

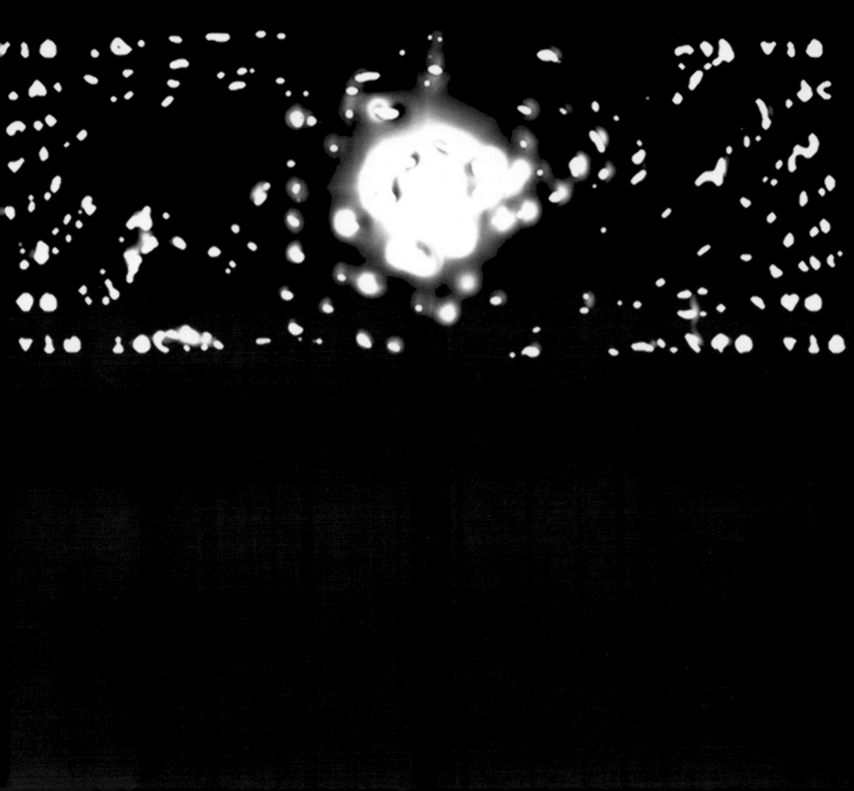

uma casa nocampo

assim te quero em minha cama

sim te quero em mi

feita de relva e a seiva cla

a seiva clara

de tuas mamas

de tus mamas

eu quero a terra e suas ervas

y su lama

ervasesualama

onde cantem galos num cantar e

cantar sem drama

yo quiero as cristas dessa au

dessaaurora

aurora, as ramas, para tecer

as ramas

sem pressa, agora, a minha tr

minha trama

ARTE CULINÁRIA

de consistência frágil e oscilant

ilante e transparência e vidro

adocicadamente

ente, a gelatina é sólida, minha

filha, de solidez aparente

a baixa temperatura, gelo

e rosa, clara, conforme o ingrediente

é gelatina um momento

mas água, sempre

assim como gelatina ou semelhant

e de flacidez de carnes

rotunda

mente, a confeiteira é doce

e açúcar, amarga

amargamente, no seu ofício é

rara, e humildemente, é Rosa

é Rosa ou Clara

conforme o nascimento

mas em fazendo, faz-se e se con

some gelatinosa

gelatinosamente

MALLARMÉ
M'ALARMÉ

L'ARMÉE :

LE MAL AIMÉ
LE MAL ARMÉ

L'ARME
LARME

LES ARMES
LES LARMES

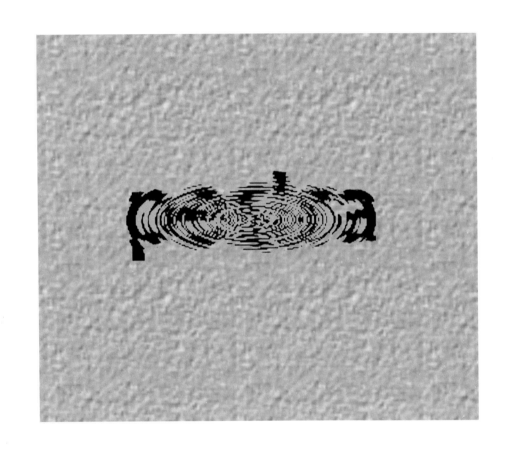

alfabestiário

oh alma minha enfim
r a d i o g r a f a d a
és puro césio agora
névoa
aura

quase
nada

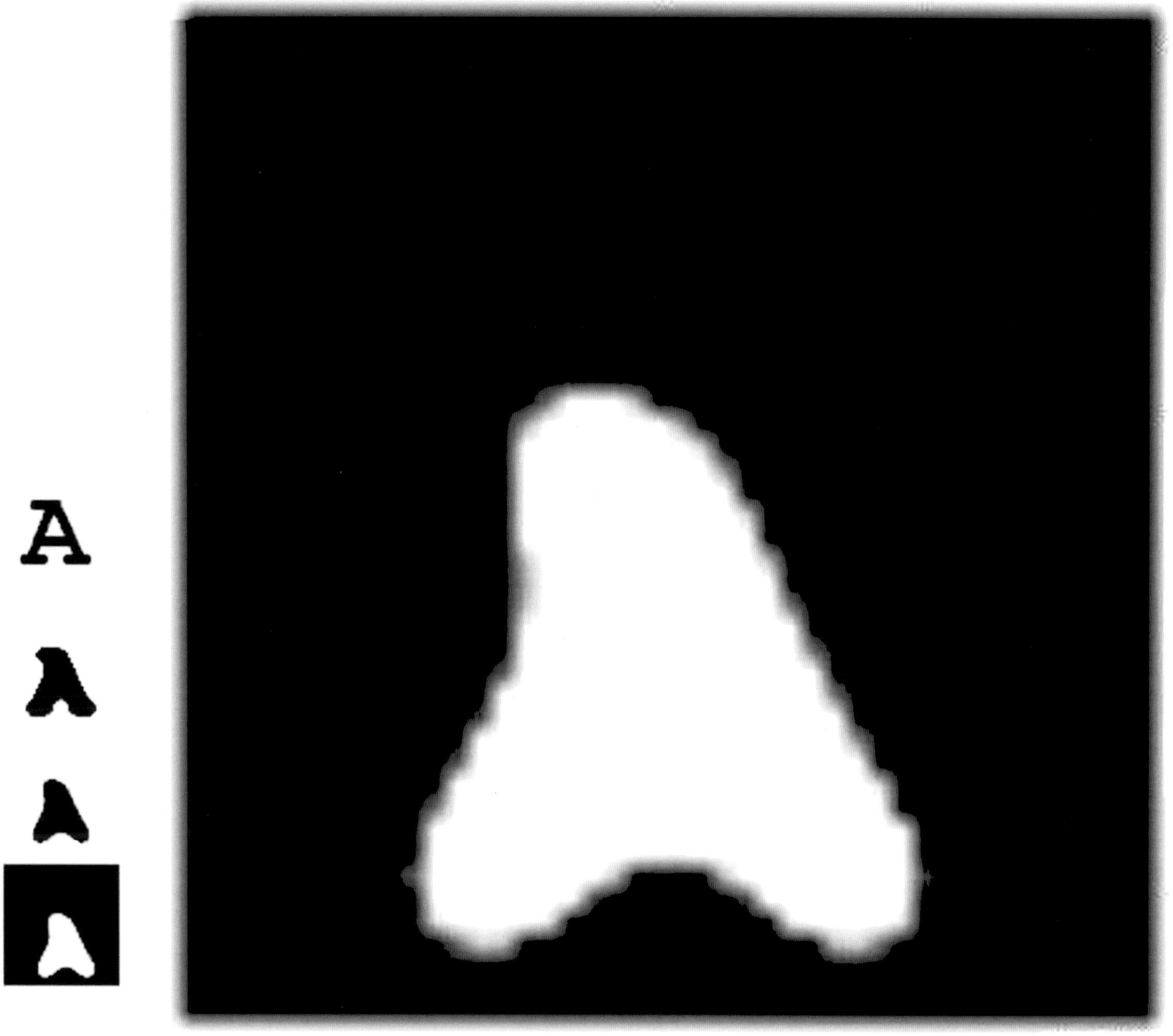
A

benze benze benzedeira
com teu raminho de arruda
os olhos deste menino
este seu mar de brancura

a letra c sozinha não vale nada
nem a nudez de um corpo
solitário
sob as vestes camuflado

e se nem mesmo um galo e um joão
tecem sozinhos uma manhã
que dizer da letra c
e de minha solidão?

VOAVÔO VOAVOAS VOAVOA
VOAVOAMOS VOAVOAIS VOAVOAM
VOAVOEI   VOAVOOU
VOAVOAMOS
VOAVOAVA VOAVOAVAS
VOAVOÁVAMOS VOAVOÁVEIS VOAVOAVAM
VOAVOARA VOAVOARAS
                          VOAVOARAM

VOAVOE
VOAVOEMOS VOAVOEIS VOAVOEM
VOAVOAR VOAVOARES
                          VOAVOAREM
VOAVOAREI VOAVOARÁS
VOAVOAREMOS   VOAVOARÃO

VOAVOA TU VOAVOAI VÓS

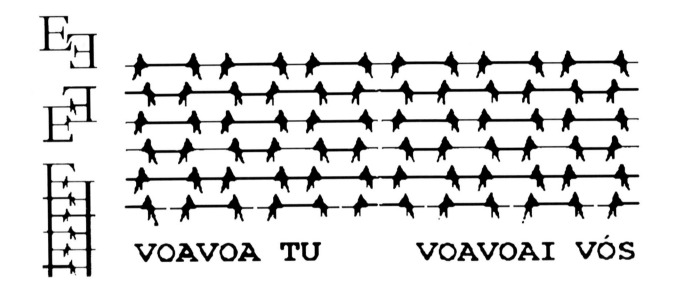

oféfashion
meuamor
estánamod
masnãoseilud
semhollywood
avidaérud
ofastéfood
eoféfod

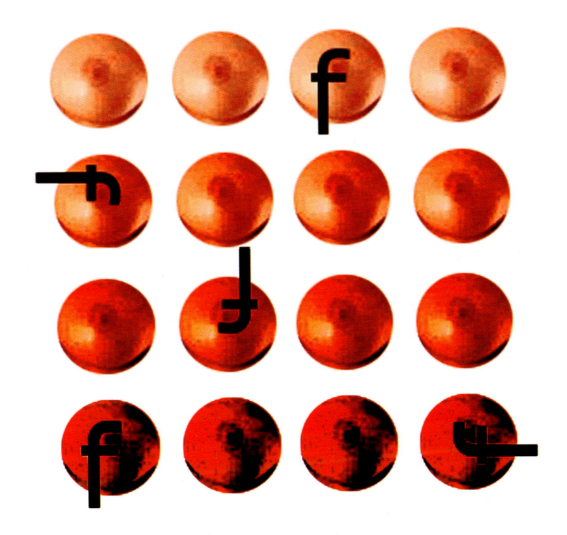

um ponto
a oriente do oriente
onde o sol nascente nasce
na noite crescente
e onde a pele queima
a alma geme
o corpo teima
e explode de repente

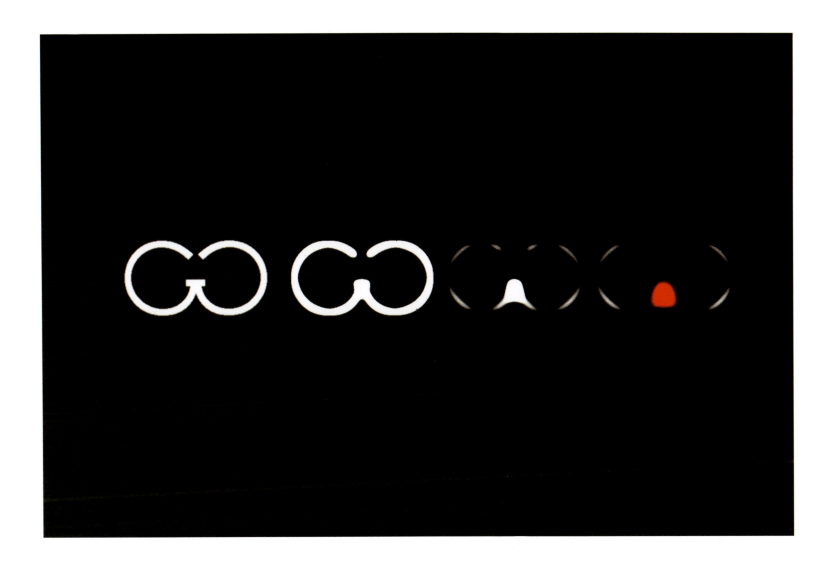

o halter
o filista
levanta peso como um artista
levanta o ar

sem respirar
sem dar na vista

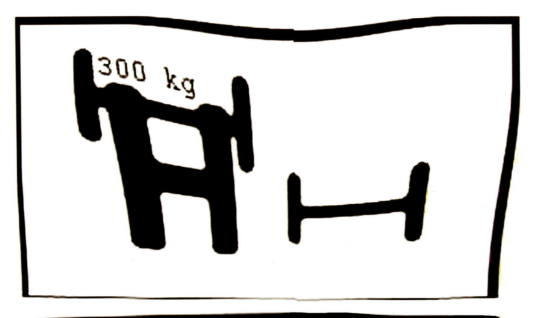

a letra i aletraí ale

traí

lluvia y luna lluvia blanca y cantos y cántaros
y hasta los huesos un olor de agua y muerte

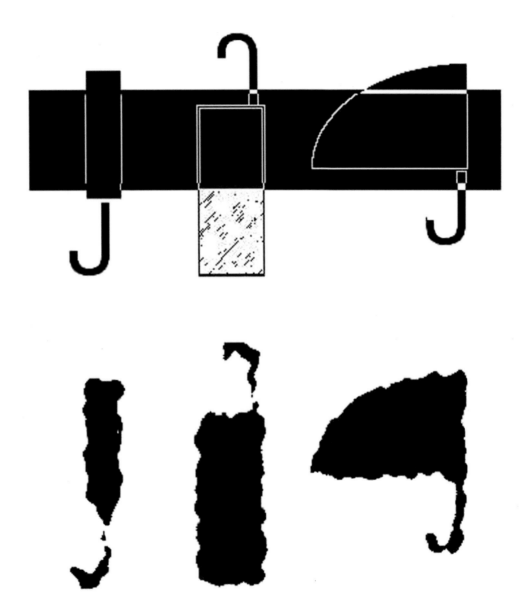

é preciso fazer bater forte
o coração
e bater todos os músculos
e maiúsculos
e minúsculos
e molúsculos e tendões
e agitar la mierda
que tenemos en la cabeza
que vivir es moverse
pero una broma siempre

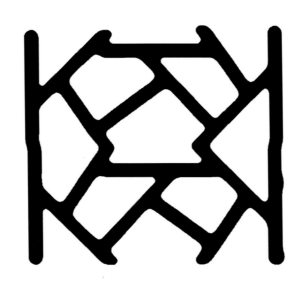

95

na escritura da cadeia
quem é bom tira de letra
o elo que o *l* enleia

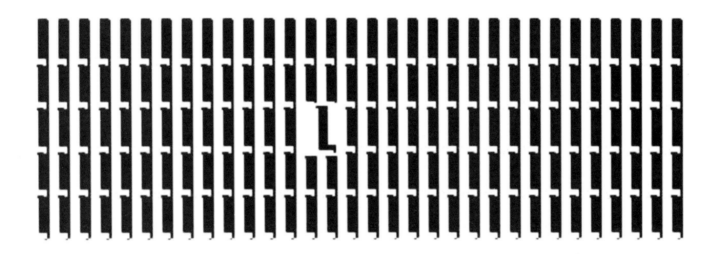

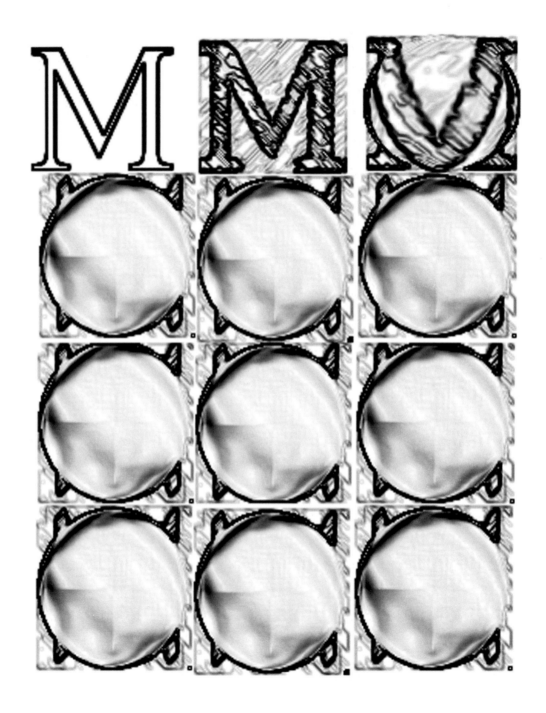

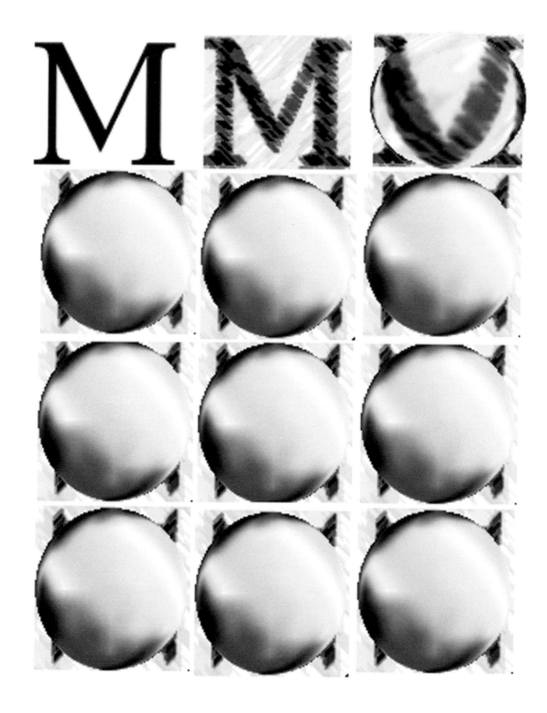

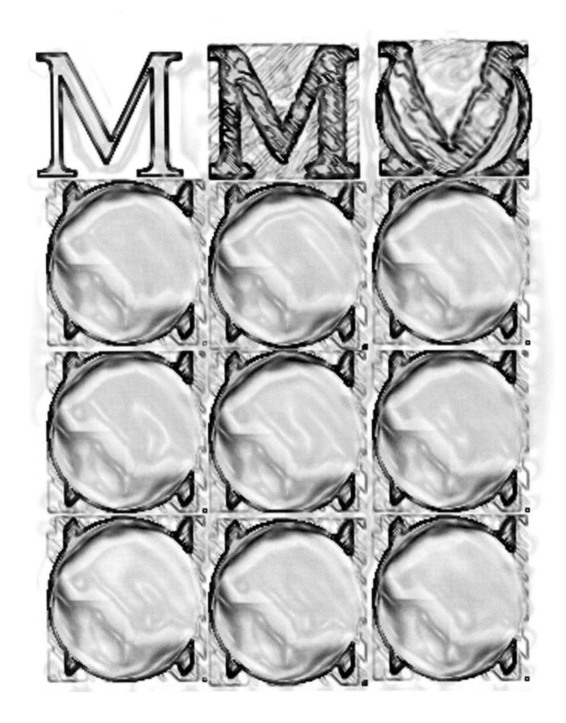

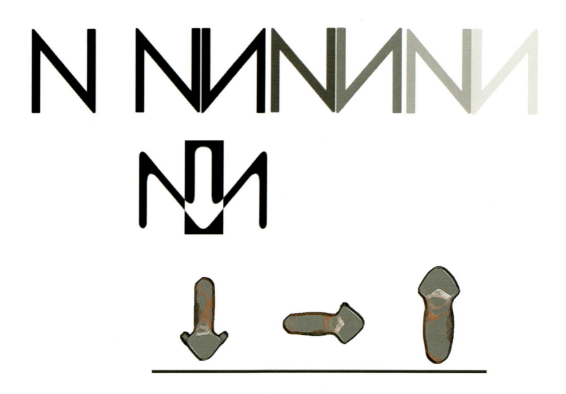
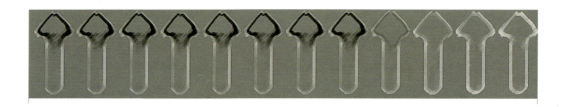

Cantiga d'Amigo

Assim, penetrarei, tão mansamente
E a pouco e pouco, doce, no teu ventre
Que tu te indagarás, tendo-me me ti.
Se não é no delírio eu estar presente

Entre as pernas que se abrem, nos teus pelos
Em breve se fará a chama ardente
E em ti terás meu pinto inteiro
E a mim, em tua buceta, inteiramente

Se no leito dos amantes foge o tempo
Tu sonharás com lobos, cronos e centauros
E pensarás em mim mui ternamente

E eu te chamarei de puta ou flor do campo
Sabendo-a bandida ou inocente
E assim a foderei, ainda uma vez
voraz, selvagem, mansamente

aaauuuuu

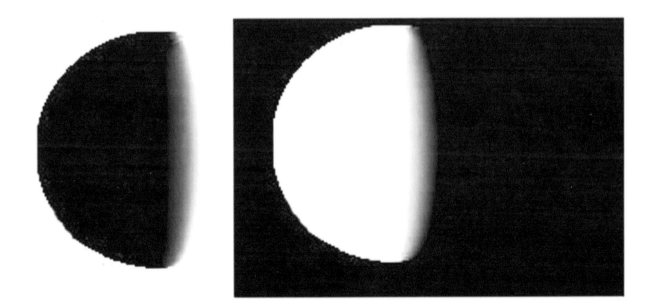

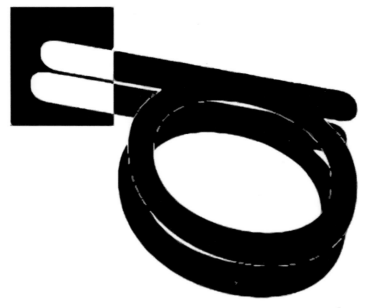

p de privada
de país de pelé de povão de panaca
de patriamada de piada de puta de
polícia de pravada de palácio
de poder de patranha de patife de
patrão de peão de pirambeira de
pirambóia de pirão de pelanca
de picanha de prepúcio de punheta
de palavra de pedante de pilantra
de pedinte de piolho de puleiro
de perua de puteiro
de piranha de programa de
pergunta de por que de purgante de
porrada de paixão de poema
e de perdão

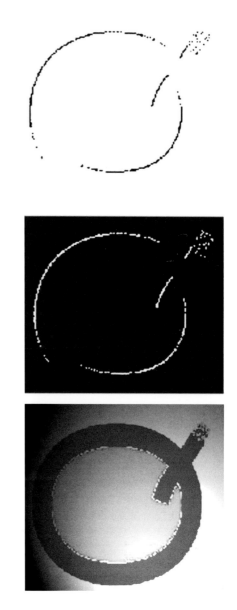

play it again, sam

religare
retomare relucrare recutare
refodere revivere revoltare
remorrere
repicare ressonare

religare

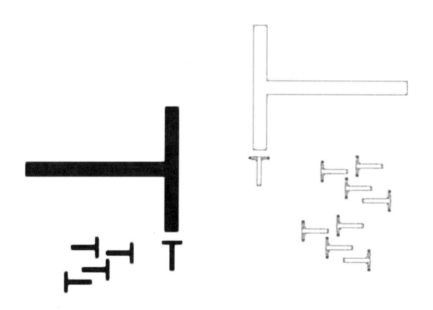

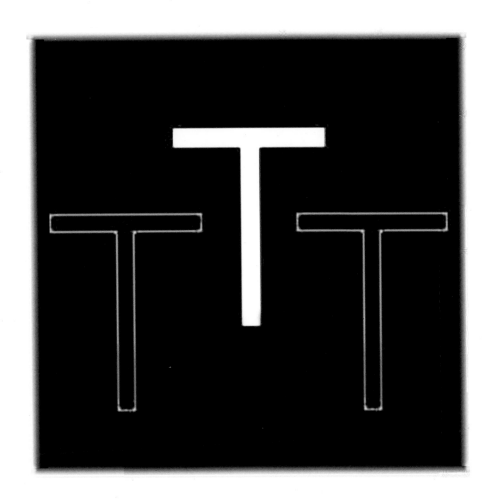

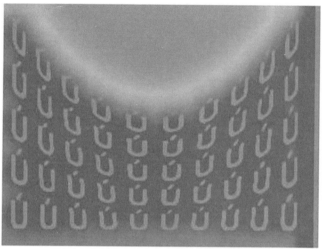

ÚIVOÚIVOÚIVOÚIVOÚ

IIIIIIIIIIIIIIIIIIIIIIIIIIIIIII

VVVVVVVVVVVVVV

OOOOOOOOOOOOOO

ÚÚÚÚÚÚÚÚÚÚÚÚÚÚ

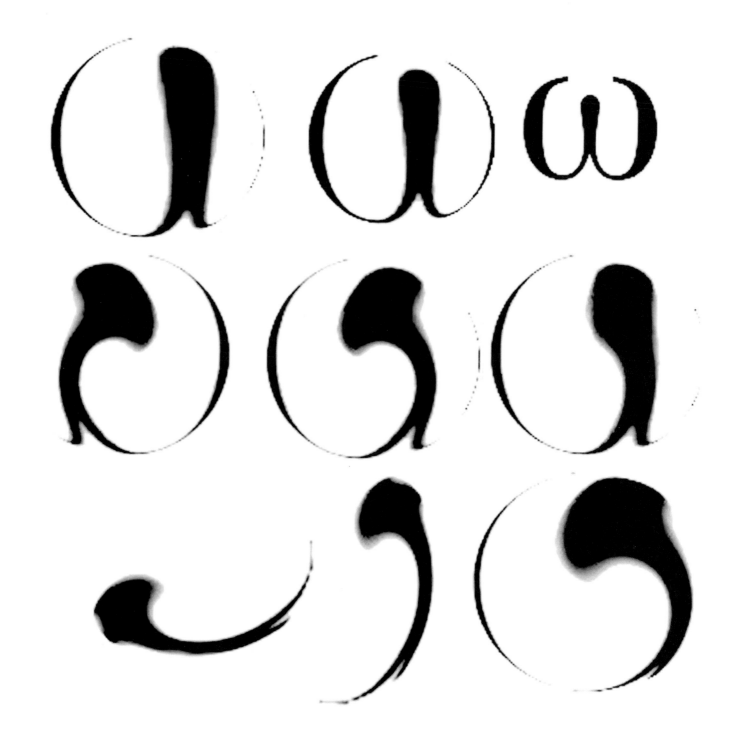

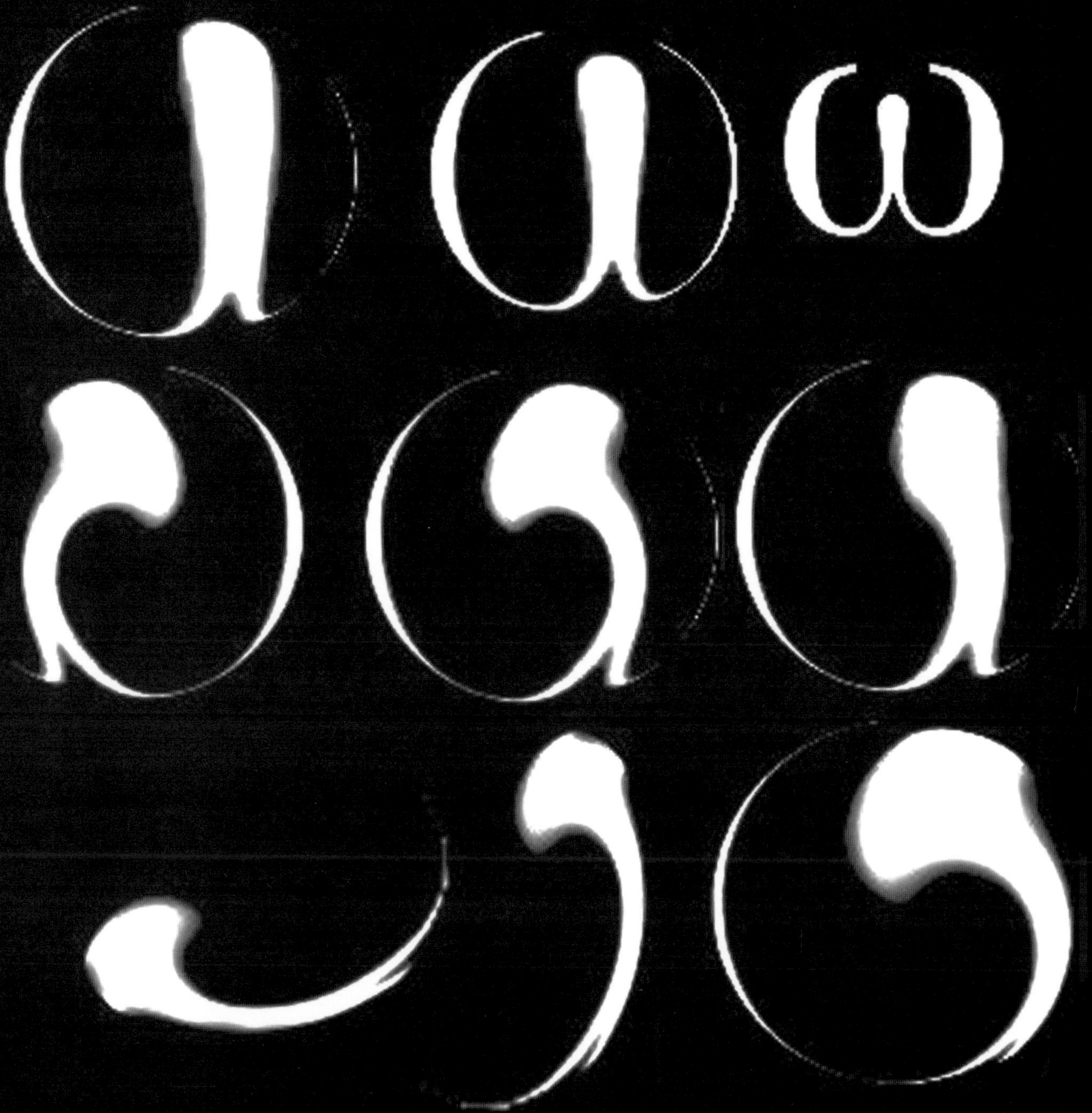

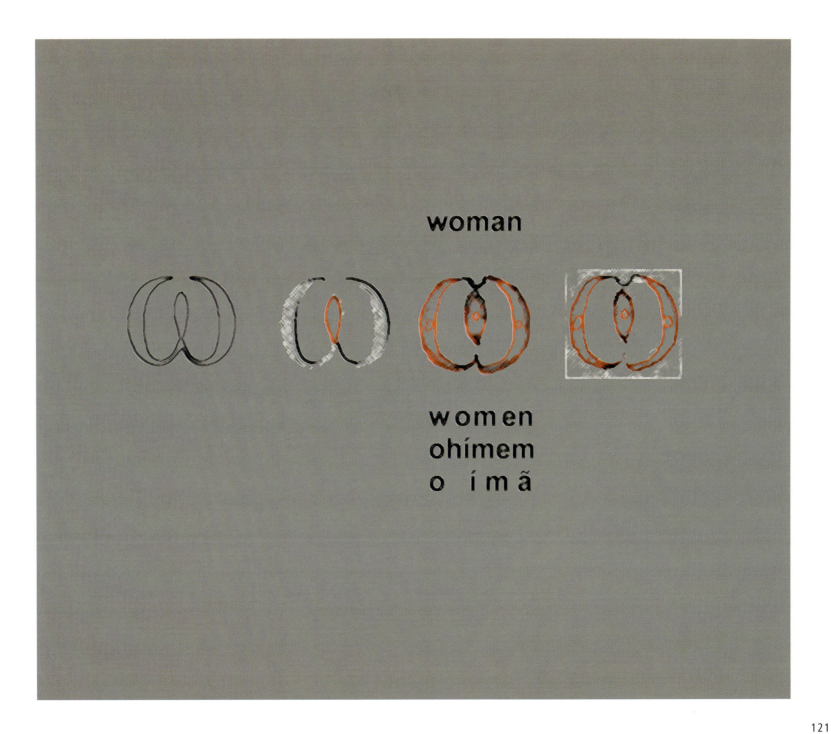

estácio não é o problema
nem noel
nem a garota de ipanema
o x do problema é o xis
e seu dilema
touché! en garde
contra si mesmo
e o poema

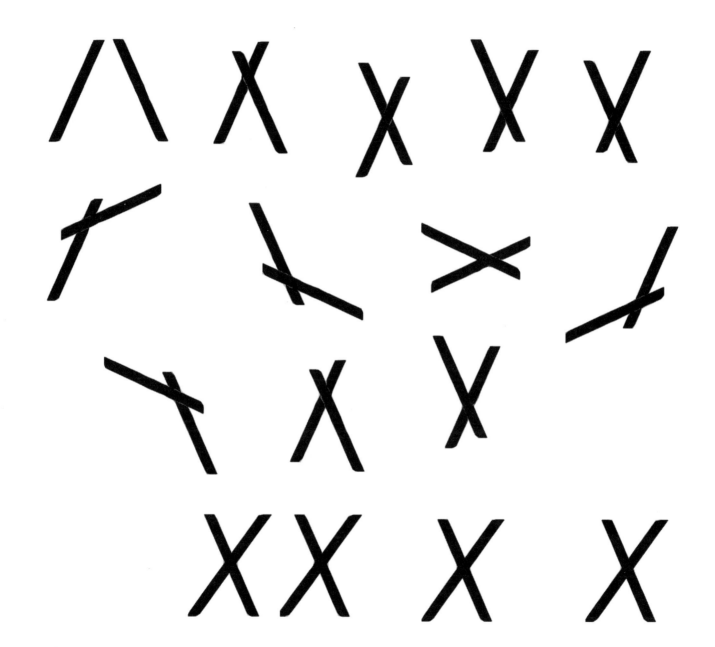

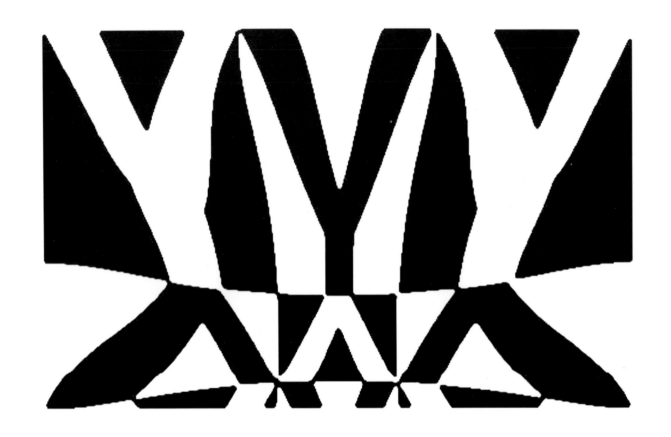

YES!
NÓS SOMOS BANANAS

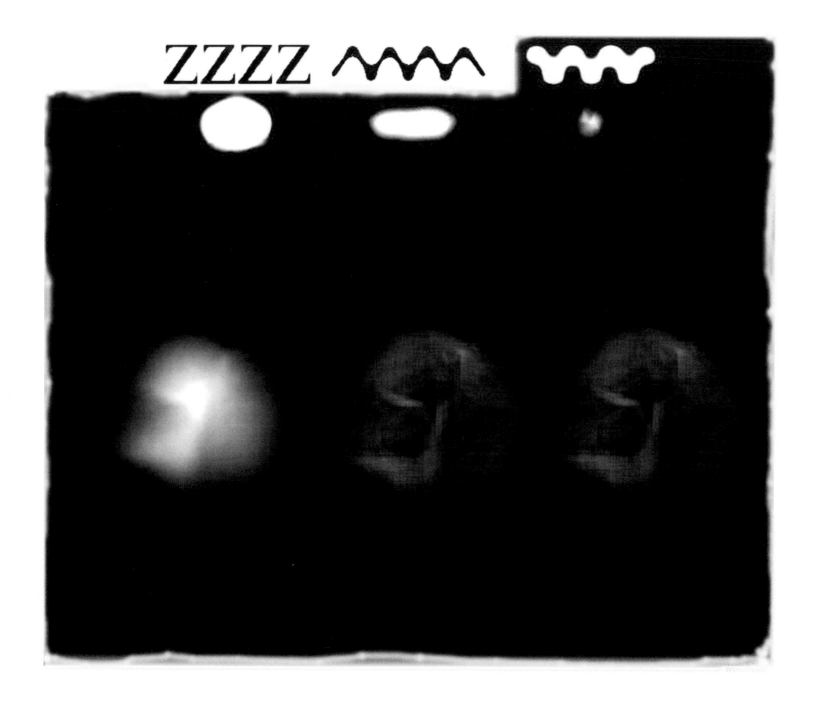

(en)fim